essentials

Essentials liefern aktuelles Wissen in konzentrierter Form. Die Essenz dessen, worauf es als „State-of-the-Art" in der gegenwärtigen Fachdiskussion oder in der Praxis ankommt. *Essentials* informieren schnell, unkompliziert und verständlich

- als Einführung in ein aktuelles Thema aus Ihrem Fachgebiet
- als Einstieg in ein für Sie noch unbekanntes Themenfeld
- als Einblick, um zum Thema mitreden zu können

Die Bücher in elektronischer und gedruckter Form bringen das Fachwissen von Springerautor*innen kompakt zur Darstellung. Sie sind besonders für die Nutzung als eBook auf Tablet-PCs, eBook-Readern und Smartphones geeignet. *Essentials* sind Wissensbausteine aus den Wirtschafts-, Sozial- und Geisteswissenschaften, aus Technik und Naturwissenschaften sowie aus Medizin, Psychologie und Gesundheitsberufen. Von renommierten Autor*innen aller Springer-Verlagsmarken.

Melanie Meyer-Tischler ·
Melanie Faltermeier

Psychische Gefährdungsbeurteilung

Impulse für Klein- und Kleinstunternehmen

 Springer Gabler

Melanie Meyer-Tischler
WE ARE MENTAL
Hohenwart, Deutschland

Melanie Faltermeier
WE ARE MENTAL
Hohenwart, Deutschland

ISSN 2197-6708 ISSN 2197-6716 (electronic)
essentials
ISBN 978-3-658-44825-7 ISBN 978-3-658-44826-4 (eBook)
https://doi.org/10.1007/978-3-658-44826-4

Die Deutsche Nationalbibliothek verzeichnet diese Publikation in der Deutschen Nationalbibliografie; detaillierte bibliografische Daten sind im Internet über https://portal.dnb.de abrufbar.

Planung/Lektorat: Irene Buttkus
Springer Gabler ist ein Imprint der eingetragenen Gesellschaft Springer Fachmedien Wiesbaden GmbH und ist ein Teil von Springer Nature.
Die Anschrift der Gesellschaft ist: Abraham-Lincoln-Str. 46, 65189 Wiesbaden, Germany

Wenn Sie dieses Produkt entsorgen, geben Sie das Papier bitte zum Recycling.

Was Sie in diesem *essential* finden können

- Die Abgrenzung von psychischer Belastung und Beanspruchung
- Einen Einblick in die Auswirkungen von Stress
- Eine Übersicht über die rechtlichen Verpflichtungen und Möglichkeiten einer (psychischen) Gefährdungsbeurteilung
- Ein Vorschlag, wie die psychische Gefährdungsbeurteilung in Klein- und Kleinstunternehmen durchgeführt werden könnte
- Praxisrelevante und -erprobte Impulse zur erfolgreichen Gestaltung einer Psychischen Gefährdungsbeurteilung

Geleitwort

Ich freue mich, persönlich wie fachlich, dass Melanie Meyer-Tischler und Melanie Faltermeier mit diesem *essential* der Zielgruppe kleinerer Unternehmen wertvolle Hinweise an die Hand geben, um die psychische Arbeitsbelastung ihrer Mitarbeiter*innen genauer einschätzen und wirksame Wege finden zu können, um bestmöglich mit diesen umzugehen.

Melanie Meyer-Tischler hat sich bereits vor vielen Jahren in ihrer – herausragenden – Master-Thesis diesem Thema angenommen, das ich damals als ihr Professor und Gutachter betreuen konnte. Seither hat sie sich zur GBpsych immer weiter professionalisiert und bringt ihre jahrelange Erfahrung gepaart mit höchster Fachkompetenz in dieses *essential* ein. Sie und ihre Geschäftspartnerin Melanie Faltermeier haben in den letzten Jahren einen lebendigen, motivierenden und wirkungsvollen Ansatz entwickelt, um Unternehmen und ihre Mitarbeiter*innen für das Thema Mental Health zu sensibilisieren. Dabei fließen auch immer persönliche Erfahrung aus dem Umgang mit psychischen Belastungen und dem Durchschreiten eines Burnouts von Melanie Faltermeier mit ein. Dadurch entstand ein äußerst glaubwürdiger Beratungsansatz, der auch die notwendige Authentizität mitbringt und es anderen leichter macht, auf sich selbst zu schauen und die Resilienz aller Beteiligten zu stärken.

Mit diesem Buch ist den beiden eine zugleich tiefblickende wie leicht nachvollziehbare Mischung gelungen, die es den Entscheider*innen und ihren Beschäftigten sehr lebensnah möglich macht, ein gesundes Unternehmen zu gestalten. Dabei schaffen sie zunächst die notwendige Grundlage, um das komplexe Feld psychischer (Arbeits-)Belastung greifen zu können. Der genaue Blick auf die besondere Arbeitssituation in kleineren Unternehmen ist in dieser Form noch nicht in anderen Veröffentlichungen zu finden. Nachdem ich mich nun seit über zehn Jahren zu einem großen Teil meiner Arbeit mit der GBpsych beschäftigt habe, weiß ich, wie wichtig es ist, „maßkonfektionierte" Herangehensweisen zur Umsetzung zu entwickeln, die für das jeweilige Unternehmen passen. Eine Konzernwelt ist eben eine andere als die eines Mittelständlers – und kleine, in der Regel eigentümergeführte, Betriebe benötigen nochmal eine ganz eigene „psychologische Brille", damit am Ende des Prozesses einer GBpsych auch wirklich etwas entsteht, das allen Beteiligten und dem Unternehmen nützt. Gesunde Mitarbeiter*innen in einem gesunden Unternehmen sind am Ende die entscheidende Voraussetzung, dass dieses Unternehmen auch „betriebswirtschaftlich gesund" sein kann.

Ich kann daher allen Klein- und Kleinstunternehmer*innen die Lektüre dieses Buches nur wärmstens ans Herz legen. Nicht zuletzt werden sie damit auch ihre eigene mentale Gesundheit stärken – und das ist zugleich der wichtigste Faktor, dass es ihrem Unternehmen auch zukünftig gut gehen kann.

München   Dr. Simon Hahnzog
im Februar 2024

Inhaltsverzeichnis

Einleitung

In der heutigen Zeit stehen Klein- und Kleinstunternehmen vor enormen Herausforderungen, insbesondere im Bereich der Mitarbeiter*innenbindung und betrieblichen Gesundheitsförderung. Die Verantwortung, die auf den Schultern dieser Unternehmen lastet, ist bedeutend, da sie nicht nur die wirtschaftliche Stabilität, sondern auch das Wohlbefinden ihrer Mitarbeiter*innen beeinflusst.

Die Mitarbeiter*innenbindung in kleinen Unternehmen spielt eine entscheidende Rolle, da das Vertrauensverhältnis zwischen Arbeitgeber*innen und Arbeitnehmer*innen oft enger ist als in größeren Organisationen. In Krisenzeiten wie einer Pandemie wird dieses Vertrauen auf die Probe gestellt. Es liegt in der Verantwortung der Unternehmensführung, transparente Kommunikation zu pflegen, um Unsicherheiten zu minimieren und das Engagement der Mitarbeiter*innen aufrechtzuerhalten. Kleinere Unternehmen können dies durch regelmäßige Updates, offene Dialoge und das Eingehen auf individuelle Bedürfnisse der Mitarbeiter*innen erreichen.

Die betriebliche Gesundheitsförderung nimmt ebenfalls einen hohen Stellenwert ein. In einer Zeit, in der physische und psychische Belastungen zunehmen, müssen kleinere Unternehmen ebenso kreative Wege finden, um das Wohlbefinden ihrer Mitarbeiter*innen zu unterstützen. Dies könnte beispielsweise durch flexible Arbeitszeiten, die Förderung von Home-Office-Möglichkeiten, regelmäßige

---

© Der/die Autor(en), exklusiv lizenziert an Springer Fachmedien Wiesbaden GmbH, ein Teil von Springer Nature 2024
M. Meyer-Tischler und M. Faltermeier, *Psychische Gefährdungsbeurteilung*, essentials, https://doi.org/10.1007/978-3-658-44826-4_1

virtuelle Teamaktivitäten oder den Zugang zu mentalen Gesundheitsressourcen umgesetzt werden.

Insbesondere für kleinere Unternehmen können finanzielle Mittel knapp sein. Daher ist es umso wichtiger, ressourceneffiziente Maßnahmen zu ergreifen, die zugleich in einen sinnvollen Einsatz in die Mitarbeiter*innengesundheit investieren. Dies kann langfristig nicht nur die Produktivität steigern, sondern auch die Fluktuation reduzieren und das Unternehmensimage verbessern.

Insgesamt steht die Herausforderung für Klein- und Kleinstunternehmen bei der aktuell stark verändernden Arbeitswelt darin, flexibel auf die Bedürfnisse der Mitarbeiter*innen einzugehen, dabei jedoch die wirtschaftlichen Realitäten im Auge zu behalten. Durch eine proaktive Herangehensweise können diese Unternehmen nicht nur multiple Krisen bewältigen, sondern auch langfristige Bindungen aufbauen und die Gesundheit ihrer Mitarbeiter*innen nachhaltig fördern.

Die Psychische Gefährdungsbeurteilung (im Folgenden: GBpsych) gewinnt in der Unternehmenswelt zunehmend an Bedeutung, insbesondere für Klein- und Kleinstunternehmen, die aufgrund ihrer Größe und Ressourcen oft vor besonderen Herausforderungen stehen. Diese Beurteilung ist nicht nur eine rechtliche Verpflichtung, sondern auch ein entscheidender Schritt, um die psychische Gesundheit der Mitarbeiter*innen zu fördern und langfristig den Unternehmenserfolg zu sichern. Darüber hinaus spielt sie eine zentrale Rolle im Employer Branding, was für kleine Unternehmen von essenzieller Bedeutung sein kann.

Die psychische Gesundheit der Mitarbeiter*innen hat direkten Einfluss auf deren Leistungsfähigkeit, Engagement und Motivation. Ein gesundes Arbeitsumfeld fördert nicht nur das Wohlbefinden der Mitarbeiter*innen, sondern trägt auch entscheidend zum langfristigen Unternehmenserfolg bei.

In Zeiten, in denen qualifizierte Fachkräfte eine hohe Nachfrage auf dem Arbeitsmarkt genießen, ist die Attraktivität eines Klein-und Kleinstunternehmen als Arbeitgeber*in von entscheidender Bedeutung. Die nachhaltige Durchführung der GBpsych kann somit ein Signal aussenden, dass ein Unternehmen die Gesundheit und das Wohlbefinden der Mitarbeiter*innen ernst nimmt. Dies kann dazu beitragen, talentierte Bewerber*innen anzuziehen und die Fluktuation zu reduzieren.

Die GBpsych ermöglicht es allen Unternehmen die individuellen Bedürfnisse der Mitarbeiter*innen besser zu verstehen. Beschäftigte, die sich vom Unternehmen unterstützt fühlen, sind tendenziell loyaler und motivierter.

Insgesamt ist die GBpsych auf Unternehmensebene ein strategischer Schritt, der weit über das Wohlbefinden der Mitarbeiter*innen hinausgehen kann. Sie kann maßgeblich den Unternehmenserfolg und das Employer Branding, insbesondere für Klein- und Kleinstunternehmen, die durch eine proaktive Auseinandersetzung mit diesem Thema einen nachhaltigen Mehrwert schaffen können, beeinflussen.

Viele Unternehmen befinden sich hinsichtlich dieser Thematik häufig noch im Anfangsstadium und der Erprobung der GBpsych. Die meisten etablierten und anerkannten Verfahren sowie Empfehlungen werden für Großunternehmen erstellt und entwickelt. Diese genügen oftmals nicht den besonderen Bedürfnissen von kleineren Unternehmen. Der*Die Arbeitgeber*in trägt die Verantwortung für die Gesundheit der Beschäftigten. Dies beinhaltet auch, dass potenzielle Gefährdungen in einem Betrieb zu vermeiden und bereits bestehende zu beseitigen sind.

Dieses *essential* stellt keine absolute Handlungsempfehlung für die Durchführung einer GBpsych dar. Aufgrund der Offenheit der Gesetzgebung bzgl. der Wahl der Vorgehensweise wird eine Chance geboten, eine jeweils passende Verfahrensweise zu finden. Dieses *essential* möchte einen Beitrag dazu leisten, mögliche Handlungsempfehlungen bei der Durchführung einer GBpsych für Klein-und Kleinstunternehmen zu geben und verfolgt das Ziel, ein bislang neuartiges Themenfeld zugänglicher zu machen. Sie richtet sich somit an alle Beteiligten, die eine Gefährdungsbeurteilung psychischer Belastungen in ihrem Betrieb künftig durchführen möchten.

In Kap. 2 werden Definitionen betrachtet, die ebenso einen Exkurs darstellen, um das Verständnis für biopsychosoziale Prozesse nachvollziehen zu können, die als Basis für eine GBpsych ausschlaggebend sind.

Kap. 3 geht explizit auf das Thema der GBpsych ein und führt Vorschläge auf, wie das Thema in Klein- und Kleinstunternehmen umgesetzt werden kann.

Im 4. Kapitel werden Handlungsempfehlungen und Impulse, die als Leitfaden, um Unternehmen bei der Entwicklung und Implementierung einer effektiven GBpsych unterstützen können, geliefert. Das *essential* wird mit einem Fazit im 5. Kapitel abgerundet.

Allgemeine Begriffsabgrenzung, Definitionen und Modelle

2

Um den Kontext einer GBpsych, deren Durchführung und die abgeleitete Handlungsempfehlung nachvollziehen zu können, soll auf einige Begriffe im Speziellen eingegangen werden. Die Thematik der psychischen Belastung und Beanspruchung stehen dabei im Fokus. Die Begrifflichkeiten Klein- und Kleinstunternehmen, Stress und Stressoren, psychische Belastung, Belastungsfaktoren und psychische Beanspruchung werden im Sinne ihrer Verwendung in diesem Kapitel erläutert und anhand eines Modells dargestellt. Dies soll ein einheitliches Verständnis für die Thematik ermöglichen.

2.1 Klein- und Kleinstunternehmen

Da sich dieses *essential* mit seinen Handlungsempfehlungen an Klein- und Kleinstunternehmen richtet, werden nachfolgende Begrifflichkeiten zum besseren Verständnis definiert.

> „Die in Deutschland häufigste Definition von kleinen (...) Unternehmen orientiert sich an den weltweit gebräuchlichsten Größen Umsatz und Mitarbeiterzahl" (Schauf, 2009, S. 4).

Das Institut für Mittelstandsforschung Bonn (IfM) definiert seit dem 01.01.2001 Unternehmen, die bis zu neun Beschäftigte aufweisen, als Kleinstunternehmen. Dazu fallen Unternehmen als solche unter die Definition, welche einen Jahresumsatz von weniger als 2 Mio. EUR erwirtschaften. Es wird in diesem Zusammenhang auch zwischen kleinen und mittleren Unternehmen differenziert.

© Der/die Autor(en), exklusiv lizenziert an Springer Fachmedien Wiesbaden GmbH, ein Teil von Springer Nature 2024
M. Meyer-Tischler und M. Faltermeier, *Psychische Gefährdungsbeurteilung*, essentials, https://doi.org/10.1007/978-3-658-44826-4_2

Unternehmen, die bis zu 49 Mitarbeitende beschäftigen und einen Jahresumsatz bis zu 10 Mio. aufweisen, gelten als Kleinunternehmen. Mittlere Unternehmen stellen in diesem Zusammenhang bis zu 249 Beschäftigte und erwirtschaften einen Jahresumsatz bis zu 50 Mio. EUR (IfM, 2014).

Um die Begriffe „Arbeit" und „Psyche" miteinander in den Kontext zu setzen, wird im Folgenden auf die Begriffe Stress, psychischen Belastung sowie Beanspruchung eingegangen.

2.2   Stress und Stressoren

Wenn ein Individuum einer Belastung oder Bedrohung gegenübersteht, wird das zentrale Nervensystem über diese Situation informiert und der Körper reagiert mit Stress (Het, 2009). „Als Stressoren werden alle inneren und äußeren Reiz-Ereignisse bezeichnet, die eine adaptive Reaktion (Anpassungsfähigkeit) erfordern" (Haun et al., 2011, S. 42). Stressoren können auf unterschiedlichen Ebenen angesiedelt sein (Haun et al., 2011). Ein Stressor kann physikalischer, (z. B. Hitze oder Kälte), chemischer (z. B. Vergiftung) aber auch psychosozialer (z. B. Konflikte mit den Kolleg*innen) Natur sein (ebd.). Ebenso können bestimmte Arbeitsbedingungen, durch eine individuelle Bewertung zu einem Stressor werden (ebd.). Stress wird als äußerst individuelle Angelegenheit betrachtet, die damit einer subjektiven Bedeutung unterliegt (Barthold & Schütz, 2010). Somit sind ebenso jene Stressoren sehr individuell, die zwangsläufig nicht zu Stress führen müssen, jedoch mit einem erhöhten Stressrisiko verbunden sind (ebd.). Die Konsequenzen der Stressoren ergeben sich aus dem Zusammenwirken von Häufigkeit und Intensität (ebd.). Um eine langfristige Auswirkung eines Stressors zu erfahren, müssen nahezu traumatische Ereignisse vorliegen (ebd.).

Ein Beispiel für intensive Ereignisse besteht in der Situation, wenn ein*e Mitarbeiter*in bspw. sexuelle Übergriffe im Arbeitsalltag erfährt. Ebenso können weniger intensive Geschehnisse zu negativen Stressfolgen führen, wenn sie vermehrt auftreten. Darunter fallen Situationen, die als ärgerlich, belastend oder enttäuschend wahrgenommen werden (ebd.). Ein Beispiel wäre, es fallen vermehrt Kundenreklamationen an, da ein*e Mitarbeiter*in die Verträge nicht korrekt abwickelt. Diese Reklamationen führen dazu, dass Mehrarbeit entsteht, die Unmut hervorruft. Stressoren entstehen jedoch nicht nur durch äußere Umstände und haben den Ursprung in ihrer Intensität und Häufigkeit. Stressoren können ebenso durch einen inneren Werte- und Zielkonflikt ausgelöst werden (ebd.). Beispielsweise kann eine solche Situation entstehen, wenn ein*e Mitarbeiter*in Aufgaben erfüllen muss, die seinen*ihren eigenen Werten entgegenstehen, aber jenen der Firma entsprechen. Von Natur aus sind die Menschen jedoch nicht dafür ausgelegt, sehr lange in einem Stresszustand auszuharren (Maragkos & Stark, 2014). Der Organismus muss, um diesem Zustand zu entkommen, gegenregulatorische Maßnahmen ergreifen (ebd.). Das Dilemma des heute modernen Menschen besteht darin, dass sein vegetatives Nervensystem auf das Lebensumfeld eines Urzeit-Menschen ausgelegt ist (Bauer, 2014). Aus diesem Grund wollen belastende Situationen mit schnellen Bewegungen beantwortet werden. Diese Anforderung ist im Arbeitsalltag jedoch nicht adäquat und wird somit unterdrückt (ebd.). Reizüberflutung, Zeitdruck und Hochgeschwindigkeit sind somit die Ursache für eine Ausschüttung der Stresshormone mit der Folge, dass sie nicht abgebaut werden können (ebd.). „Die Umschaltreaktion bleibt aus, das innere System wird im „Anpassungsmodus" fixiert und befindet sich damit in einem andauernden Alarmzustand" (Bauer, 2014, S. 232). Von einem normalen Alltagsstress wird gesprochen, wenn die physiologischen Mechanismen, Stressor, Aktivierung und Deaktivierung ineinandergreifen (ebd.). Dies bedeutet, dass auf einen Menschen ein Stressor aktiv einwirkt und nach kurzer Zeit nachlässt, also deaktiviert wird. Diese Art von Stress weist in der Regel keine negativen Konsequenzen für die psychische und körperliche Gesundheit auf (ebd.). Wenn jedoch das Aktivierungsniveau anhält, kann chronischer Stress die Folge sein (Maragkos & Stark, 2014).

Der Mensch verbringt die meiste Zeit seines Lebens am Arbeitsplatz. Somit stellt der aktuelle Wandel (z. B. rasant wachsende Kommunikations- und Informationstechnologien, Künstliche Intelligenz, Globalisierung oder demografischer Wandel) der Arbeitswelt einen Grund für die höhere Stressbelastung der Arbeitnehmer*innen dar.

Diese aufgeführte Erklärung weisen eine eher negative Sichtweise auf. Stress muss nicht zwangsläufig als ein negativer Ablauf aufgefasst werden (Bauer, 2014). Stress kann auch positiv betrachtet werden. Positiver Stress „(…) führt zu erhöhter mentaler und physischer Leistungsfähigkeit und wirkt motivierend. Freigesetzte Energie kann somit produktiv genutzt werden" (Michelmann, 2013, S. 3). Das Erleben von negativem oder positivem Stress hängt von mehreren Faktoren ab und ist somit nicht pauschal zu erklären. Zum einen ist die Empfindung abhängig davon, wie Personen eine stressauslösende Situation abschätzen (Hartig, 2004). Zum anderen hängt das Stresserleben von Ressourcen und Einschätzung der Bewältigungsmöglichkeiten, früheren Erfahrungen und Verletzlichkeiten ab (ebd.).

Im Nachfolgenden soll auf das Konstrukt der psychischen Belastung sowie Beanspruchung eingegangen werden, um zu verdeutlichen, dass Menschen unterschiedlich auf Belastungen reagieren.

2.3   Psychische Belastung und Psychische Beanspruchung

Psychische Belastung

Der Begriff „Psychische Belastung" wird nach der Norm DIN EN ISO 10075-1 als „(…)
die Gesamtheit aller erfassbaren Einflüsse, die von außen auf den Menschen zukommen und
psychisch auf ihn einwirken (…)" (DIN, 2018, S. 6) verstanden.

Im Kontext des vorliegenden *essentials* scheint die nachfolgende Definition
sinnvoll, da der Aspekt der Arbeit mit in die Definition einfließt. „Im arbeitswis-
senschaftlichen Verständnis bezieht sich psychische Belastung „(…) auf äußere
Bedingungen und Anforderungen im Arbeitsleben" (Morschhäuser et al., 2014,
S. 19). Der Begriff „Psychische Belastung" ist als neutral anzusehen, obwohl
er im Sprachgebrauch vorwiegend negativer Verwendung unterliegt (Nagel &
Petermann, 2012). Menschen reagieren unterschiedlich auf Belastungen. Eine
Arbeitstätigkeit kann für eine*n Mitarbeiter*in eine enorme Belastung darstellen und Stress auslösen, während der*die andere Mitarbeiter*in diese Aufgabe
als anregend und motivierend empfindet. Die Reaktion auf eine Belastung wird
sowohl körperlich als auch psychisch als „Beanspruchung" verstanden (Morschhäuser et al., 2014). Psychische Belastung wird als der objektiv auf den Menschen
gleichermaßen einwirkende Faktor verstanden, währenddessen die psychische
Beanspruchung auf die subjektive und individuelle Verarbeitung sowie Bewältigung der Einflüsse abzielt (Oppolzer, 2010). Eine Belastungseinwirkung hängt
von ihrer Höhe und Dauer ab und entscheidet, ob körperliche und psychische
Ressourcen ab- oder aufgebaut werden (Nagel & Petermann, 2012). In unserer
heutigen Arbeitswelt wird der psychischen Belastung eine hohe Bedeutung beige-
schrieben, denn sie umfasst eine Vielzahl verschiedener psychischer Einflüsse. Zu
vermerken sind hier bspw. Arbeitsintensität, Merkmale der Arbeitszeit und etwa
soziale Unterstützung am Arbeitsplatz (Beck et al., 2014). Diese Einflüsse können
sich negativ auswirken, indem bspw. anhaltender Zeitdruck, Stress und Leistungs-
druck auf den arbeitenden Menschen einwirken (ebd.). Aus diesem Grund ist
es von Bedeutung, Arbeitsbedingungen im Hinblick auf psychische Belastung
zu beurteilen und dementsprechend geeignete Maßnahmen zu entwickeln (ebd.).
Dennoch sind „Psychische Belastungen (…) normaler und notweniger Bestandteil menschlichen Lebens – nicht nur im Beruf oder am Arbeitsplatz" (Jung
et al., 2013, S. 13). Ebenso kann eine psychische Belastung eine gesundheits-
fördernde Wirkung besitzen, indem eine komplexe und herausfordernde Aufgabe
die persönliche Weiterentwicklung fördert. So können Fähig- und Fertigkeiten
positiv beeinflusst werden (Beck et al., 2014). Negative Folgen von psychischen

Belastungen hängen zum einen von der Dauer und ihrer Intensität und zum anderen von dem individuellen Umgang mit ihnen ab (ebd.). Durch Qualifikation, soziale Kompetenz und subjektiv eingeschätzte Kontrollmöglichkeiten ist die Auswirkung der Beanspruchung different oder individuell ausgeprägt und es resultieren positive oder negative Folgen (Jung et al., 2013). Arbeitsschutzexpert*innen sowie Wissenschaft und Politik sehen die Einbeziehung einer „(…) psychische(n) Belastung in die Gefährdungsbeurteilung wichtig und erforderlich (…)" (Beck et al., 2014, S. 13).

Die Gesundheit kann dann gefährdet sein, wenn der Mensch auf die Belastung negativ reagiert. Die Reaktion auf eine Belastung, sowohl körperlich als auch psychisch, wird als „Beanspruchung" verstanden (Morschhäuser et al., 2014).

Psychische Beanspruchung
Psychische Beanspruchung wird nach der Norm DIN EN ISO 10075-1 als unmittelbare „(…) (nicht die langfristige) Auswirkung der psychischen Belastung im Individuum in Abhängigkeit von seinen jeweiligen überdauernden und augenblicklichen Voraussetzungen, einschließlich der individuellen Bewältigungsstrategien" verstanden (DIN, 2018, S. 3.).

Die Bewältigungsstrategien, welche ein Mensch besitzt, nehmen Einfluss auf die Auswirkung der psychischen Belastung (Riechert, 2011). Bewältigungsstrategien bestehen bspw. aus: Erfahrungen, Selbstvertrauen, individuellen Leistungsansprüchen, Fähigkeiten, Einstellungen, Problemlösefähigkeiten, Alter, Geschlecht und Gesundheitszustand (ebd.).

Die Bewältigungsstrategien sind damit konnektiert, ob eine Aufgabe für einen Menschen, im konkreten Fall für eine*n Mitarbeiter*in, eine Stressbelastung oder eine Anforderung darstellt (Riechert, 2011). Dies bedeutet demnach, „(…) die psychische Beanspruchung wird als Auswirkung der psychischen Belastung durch Merkmale, Eigenschaften und Verhaltensweisen des Menschen beeinflusst" (Kölbach & Zapf, 2008). Erst durch die individuelle Reaktion eines Menschen entscheidet sich, ob es zu Fehlbeanspruchungsfolgen oder positiven Beanspruchungen kommt. Psychische Beanspruchung kann positive oder negative Effekte nach sich ziehen (siehe Abb. 2.1).

„Für die Ausprägung der psychischen Beanspruchung ist neben der individuellen Voraussetzung vor allem auch von Bedeutung, mit welcher Stärke und Dauer die psychische Belastung einwirkt" (BAuA, 2010, S. 10). Vermerkt sei hier, dass die Stärke der Ausprägung der Beanspruchung von den augenblicklichen Voraussetzungen des*der Mitarbeiter*in abhängt. Werden die Ursachen und Wirkungen der Belastung und Beanspruchung erkannt, können die Fehlbeanspruchungen am Arbeitsplatz minimiert und positive Beanspruchung gefördert werden. Ursachen

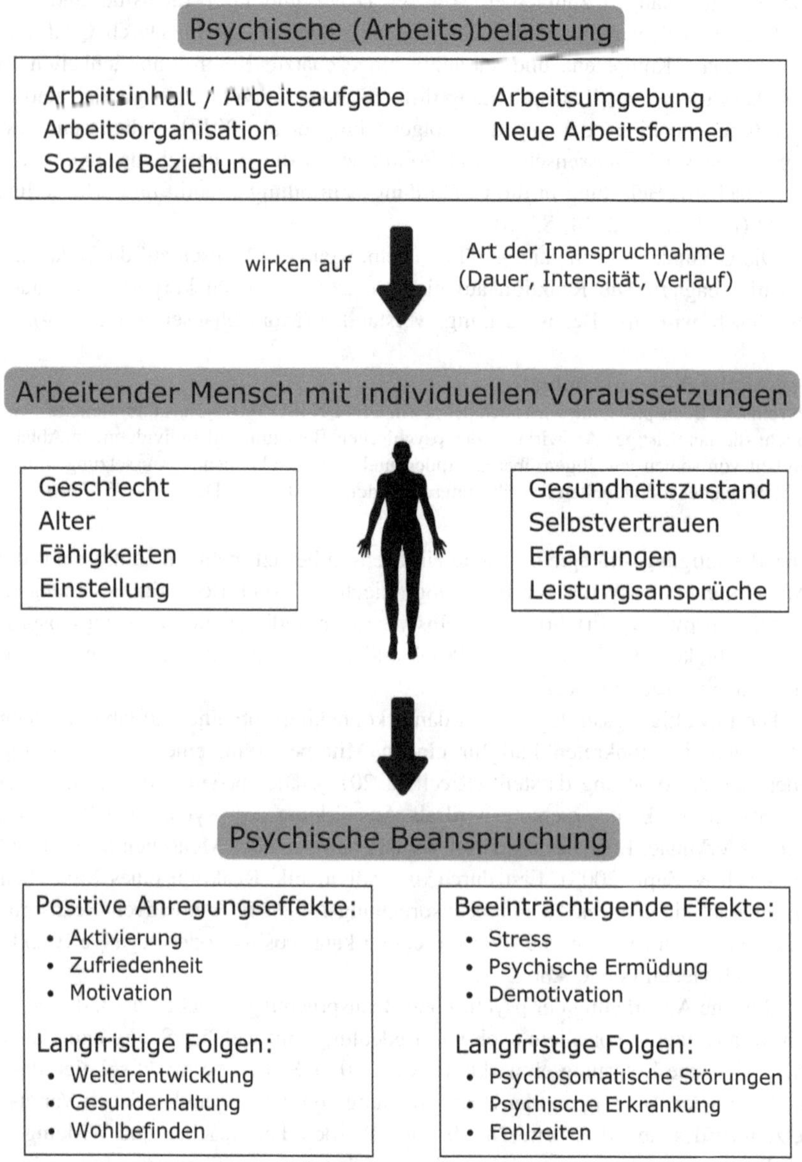

Psychische (Arbeits)belastung

Arbeitsinhalt / Arbeitsaufgabe
Arbeitsorganisation
Soziale Beziehungen

Arbeitsumgebung
Neue Arbeitsformen

wirken auf Art der Inanspruchnahme
(Dauer, Intensität, Verlauf)

Arbeitender Mensch mit individuellen Voraussetzungen

Geschlecht
Alter
Fähigkeiten
Einstellung

Gesundheitszustand
Selbstvertrauen
Erfahrungen
Leistungsansprüche

Psychische Beanspruchung

Positive Anregungseffekte:
• Aktivierung
• Zufriedenheit
• Motivation

Langfristige Folgen:
• Weiterentwicklung
• Gesunderhaltung
• Wohlbefinden

Beeinträchtigende Effekte:
• Stress
• Psychische Ermüdung
• Demotivation

Langfristige Folgen:
• Psychosomatische Störungen
• Psychische Erkrankung
• Fehlzeiten

Abb. 2.1 Belastungs-Beanspruchungs-Modell (Quelle: Eigene Darstellung in Anlehnung an BAuA, 2010)

und Wirkungen von Belastungen[1] am Arbeitsplatz können durch eine GBpsych kenntlich gemacht werden.

Im Folgenden wird nun ein Überblick über die Gefährdungsbeurteilung allgemein gegeben, wonach im Anschluss auf die Durchführung in Klein- und Kleinstunternehmen eingegangen wird.

---

[1] Da umgangssprachlich häufiger von „Belastung" gesprochen wird, wird zum besseren Verständnis an einigen Stellen dieser Begriff verwendet, wenngleich von „Beanspruchung" die Rede sein müsste.

Psychische Gefährdungsbeurteilung

3

„Unter „Gefährdung" wird die Möglichkeit eines Schadens oder einer gesundheitlichen Beeinträchtigung verstanden, ohne bestimmte Anforderungen an ihr Ausmaß oder ihre Eintrittswahrscheinlichkeit" (Morschhäuser et al., 2014, S. 21). Gemäß Arbeitsschutzgesetz (im Folgenden: ArbSchG) ist die Arbeit derart zu gestalten, dass für das Leben sowie die physische und psychische Gesundheit eine Gefährdung ausgeschlossen und verbleibende Gefährdungen geringgehalten werden (§ 4 Abs. 1 ArbSchG, 2014). Laut Arbeitsschutzgesetz § 3 Abs. 1 ist der Arbeitgeber verpflichtet,

Aus § 3 Arbeitsschutzgesetz

(…) die erforderlichen Maßnahmen des Arbeitsschutzes unter Berücksichtigung der Umstände zu treffen, die Sicherheit und Gesundheit der Beschäftigten bei der Arbeit beeinflussen. Er hat die Maßnahmen auf ihre Wirksamkeit zu überprüfen und erforderlichenfalls sich ändernden Gegebenheiten anzupassen. Dabei hat er eine Verbesserung von Sicherheit und Gesundheitsschutz der Beschäftigten anzustreben (§ 3 Abs. 1 ArbSchG, 2014, o. S.).

„Maßnahmen des Arbeitsschutzes im Sinne dieses Gesetzes sind Maßnahmen zur Verhütung von Unfällen bei der Arbeit und arbeitsbedingten Gesundheitsgefahren einschließlich Maßnahmen der menschengerechten Gestaltung der Arbeit" (§ 2 Abs. 1 ArbSchG, 2014, o. S.). Diese Pflicht schließt mit ein, dass der*die Arbeitgeber*in ebenso eine Gefährdungsbeurteilung der psychischen Belastung zu ermitteln hat und gegensteuernde Maßnahmen ableiten muss (§ 5 Abs. 3 ArbSchG, 2014). Laut § 13 Abs. 2 ArbSchG ist der*die Arbeitgeber*in nicht

© Der/die Autor(en), exklusiv lizenziert an Springer Fachmedien Wiesbaden GmbH, ein Teil von Springer Nature 2024
M. Meyer-Tischler und M. Faltermeier, *Psychische Gefährdungsbeurteilung*, essentials, https://doi.org/10.1007/978-3-658-44826-4_3

dazu verpflichtet, die Gefährdungsbeurteilung zu planen und umzusetzen. Er*Sie kann fachkundiges Personal beauftragen diese Beurteilung durchzuführen. Er*Sie hat „lediglich" die Durchführungspflicht (§ 13 Abs. 2 ArbSchG, 2014). Falls ein*e Betriebsrät*in im Unternehmen besteht, muss dieser miteinbezogen werden. Das bedeutet, dass diese*r, bei der Gestaltung und Durchführung einer Gefährdungsbeurteilung, Mitbestimmungsrecht besitzt (Morschhäuser et al., 2014). Die Gefährdungsbeurteilung zielt auf eine Früherkennung einer Gefahr ab, die im Kontext der Arbeit zu identifizieren ist (Beck et al., 2014). „Frühzeitig" bedeutet in diesem Kontext, „(…) bevor gesundheitliche Beeinträchtigungen oder Unfälle auftreten" (Beck et al., 2014, S. 13).

Die Durchführung einer Gefährdungsbeurteilung stellt einen vorbeugenden Ansatz dar, um Gesundheitsrisiken im beruflichen Umfeld zu minimieren und gleichzeitig eine arbeitsgerechte Gestaltung zu fördern. Als zentrales Instrument dient sie der Steuerung von arbeitsschutzbezogenen Aktivitäten in Unternehmen mit dem Ziel, eine effektive und gezielte Arbeitsgestaltung zu ermöglichen. Im Rahmen dieser Beurteilung haben Unternehmen die Möglichkeit, sich gezielt mit psychischen Belastungen auseinanderzusetzen, insbesondere dann, wenn sie erstmals mit diesem Themenfeld konfrontiert sind und noch keine Erfahrungen oder etablierte Vorgehensweisen vorliegen. Wichtig ist jedoch zu beachten, dass die isolierte Durchführung dieses Prozesses nicht dauerhaft empfohlen wird. Nichtsdestotrotz kann eine spezifische Gefährdungsbeurteilung als Grundlage für eine umfassende Betrachtung und Bewertung verschiedener Gefährdungsfaktoren dienen.

Im Fokus der Bewertung psychischer Gefährdungen steht die Untersuchung potenzieller Auswirkungen von psychischen Belastungen, die negative Folgen nach sich ziehen können. Dabei steht nicht die individuelle psychische oder gesundheitliche Verfassung der Beschäftigten im Vordergrund, sondern vielmehr das übergeordnete Ziel, zu einer menschengerechten Arbeitsgestaltung beizutragen. Die Durchführung einer GBpsych zielt darauf ab, Konflikte und Störungen in den Arbeitsabläufen zu identifizieren und durch geeignete Maßnahmen entgegenzuwirken.

Innerhalb der GBpsych werden zentrale Merkmalsbereiche differenziert: Arbeitsaufgabe bzw. Arbeitsinhalt, Arbeitsorganisation, Soziale Beziehung und Arbeitsumgebung und Neue Arbeitsformen. Nach § 3 Abs. 1 ArbSchG ist eine Gefährdungsbeurteilung zu aktualisieren, wenn sich Gegebenheiten, welche in der Gefährdungsbeurteilung aufgenommen wurden, ändern (§ 3 Abs. 1 ArbSchG, 2014). Solche Veränderungen können beispielsweise in einer Neugestaltung der Arbeitsbedingungen, einschließlich psychischer Belastungen, oder in Gesundheitsbeeinträchtigungen auftreten, die auf eine Gefahr durch psychische Belastungen hinweisen. Auch neue arbeitswissenschaftliche Erkenntnisse oder Arbeitsschutzvorschriften können eine Aktualisierung erforderlich machen. In Anbetracht des rasanten Wandels in der Arbeitswelt ist es empfehlenswert, die Belastungsfaktoren regelmäßig zu überprüfen, insbesondere bei Reorganisationen. Eine vorausschauende Bewertung psychischer Belastungen, etwa im Zuge der Schaffung neuer Stellen oder der Einrichtung neuer Arbeitsplätze, erscheint sinnvoll. Die GBpsych trägt dazu bei, Reibungspunkte und organisatorische Schwachstellen zu identifizieren. Dadurch können Produktivitätseinbußen und Qualitätsmängel reduziert werden. Die Beurteilung ermöglicht die Aufdeckung von Ursachen psychischer Fehlbelastungen, die Einführung von Verbesserungsmaßnahmen und die Überprüfung ihrer Auswirkungen. Bei der Entwicklung von Maßnahmen liegt der Fokus darauf, wie die genannten Merkmalsbereiche so gestaltet werden können, dass die psychische Belastung nicht zu Gefährdungen der Gesundheit und Sicherheit der Arbeit führt. Es ist jedoch zu beachten, dass konkrete Maßnahmen den individuellen Bedingungen und ermittelten psychischen Belastungsfaktoren des jeweiligen Betriebs angepasst werden müssen. Die Angemessenheit einer Maßnahme bei einer GBpsych beurteilt sich vor allem danach, ob sie zu einer präventiven und menschengerechten Gestaltung der Arbeit beiträgt.

Menschengerechte Arbeit und somit gut gestaltete Arbeitsaufgaben sind nach der Norm DIN EN ISO 9241-2 wie folgt formuliert:

Menschengerechte Arbeitsgestaltung nach DIN EN ISO 9241-2

- Vorhandensein von vollständigen sinnvollen Arbeiten,
- erkennbarer und bedeutsamer Beitrag,
- Vielfältigkeit der Aufgaben in angemessenem Maß,
- erkennbarer Handlungsspielraum,
- Rückmeldungen und Feedback,
- keine Über-oder Unterforderung,
- Möglichkeiten zur Weiterentwicklung,
- keine sozial isolierten Tätigkeiten (DIN EN ISO 9241-2, 1993).

Die GBpsych stellt einen zirkulären Prozess dar, den es gilt alle, drei Jahre, oder bei betrieblichen Änderungen erneut durchzuführen (Hahnzog, 2015).

Wie die GBpsych in der Praxis durchgeführt werden kann, wird im nächsten Kapitel aufgeführt.

3.1 Durchführungsmöglichkeiten

In Klein- und Kleinstunternehmen stellt die GBpsych eine wichtige Maßnahme dar, um die psychische Gesundheit der Mitarbeiter*innen zu fördern. Obwohl die Ressourcen in solchen Unternehmen oft begrenzt sind, gibt es dennoch effektive Wege, eine Beurteilung der Risiko- und Schutzfaktoren durchzuführen.

Nachfolgend sollen Möglichkeiten aufgezeigt werden, wie eine GBpsych durchgeführt werden kann.

Vorbereitung

Bevor eine GBpsych durchgeführt wird, sollte eine Steuergruppe gebildet werden, die entsprechende Entscheidungsbefugnisse aufweist. Grundsätzlich kann sich diese aus unterschiedlichen Akteur*innen zusammensetzen: die Unternehmensleitung direkt, der*die Betriebsrät*in, Betriebsärzt*in, eine Fachkraft für Arbeitssicherheit, Vertreter*innen des Gesundheitsmanagements und/oder der Personalvertretung, der Schwerbehindertenvertretung und/oder der Projektleitung. Je nach Struktur besteht die Steuergruppe in Klein- und Kleinstbetrieben meist aus zwei bis drei Verantwortlichen: Unternehmensleitung, Personalleitung und/oder Assistenz. Darüber hinaus besagt § 3 Abs. 2 ArbStättV (Arbeitsstättenverordnung) „Der Arbeitgeber hat sicherzustellen, dass die Gefährdungsbeurteilung fachkundig durchgeführt wird. Verfügt der Arbeitgeber nicht selbst über die entsprechenden Kenntnisse, hat er sich fachkundig beraten zu lassen" (§ 3 Abs. 2 ArbStättV, 2024, o. S.).

Deshalb empfiehlt sich der Einbezug von externen Fachkräften, wie beispielsweise Wirtschaftspsycholog*innen, die auf die Durchführung der GBpsych spezialisiert sind. Nicht nur wegen der Gesetzgebung, sondern ferner um die Umsetzung ressourcenschonend zu gestalten sowie eine professionelle, anonyme und datenschutzkonforme Durchführung zu gewährleisten.

Planung

Werden externe Expert*innen hinzugezogen, erfolgt die Planung der nächsten Schritte gemeinsam mit der Steuergruppe. Hierzu zählen:

- Zieldefinition
- Projektzeitplan (Informationsveranstaltung, Erhebungszeitraum, kommunikative Begleitung, Auswertung, Abschlussveranstaltung)

- Ressourcenplanung (Budget, Personal, Material)
- Verantwortlichkeiten in der Steuerungsgruppe festlegen
- Wahl des Vorgehens (siehe nachfolgende Schritte)

Kommunikation

Ebenfalls sollte vor Start der Erhebung die Kommunikation eine entscheidende Rolle spielen. Da sich die Befragung an die Belegschaft richtet und diese ausschlaggebend für den Erfolg sind, ist eine ausführliche Aufklärung über die GBpsych essentiell. Aufgrund dessen empfiehlt es sich, die Mitarbeiter*innen vollumfänglich und frühzeitig in den Prozess mit einzubeziehen. Die kleine Belegschaft, kann hier als Vorteil gesehen werden.

Darunter zählt die Aufklärung über das Vorgehen, über den Datenschutz und die Anonymität, die Ziele sowie regelmäßig über den aktuellen Stand zu informieren. Der Erfahrung nach erhöht dies die Akzeptanz und fördert die aktive Beteiligung an der Befragung, da Missverständnisse und Sorgen weitestgehend (durch geschulte Externe) abgebaut werden können.

Umgesetzt werden kann dies mithilfe einer Informationsveranstaltung zu Beginn der Befragung. Dies kann gleichermaßen von externen Fachkräften durchgeführt werden.

Die Gesetzgebung gibt bei der Umsetzung einer GBpsych viel Spielraum für Interpretationen. Bei der Durchführung einer GBpsych erlauben Arbeitsschutzbehörden ausdrücklich ein stufenweises Vorgehen unter Berücksichtigung ausgewählter Belastungsfaktoren (Nationale Arbeitsschutzkonferenz, 2018). Eine beispielhafte und vereinfachte Darstellung des Durchführungsprozesses nach GDA (Gemeinsame Deutsche Arbeitsschutzstrategie)-Leitlinien (2018) und Bundesanstalt für Arbeitsschutz und Arbeitsmedizin (2010) in Verbindung mit dem Arbeitsschutzgesetz (2024) lässt sich Abb. 3.1 entnehmen.

1. Festlegung von Arbeits- und Tätigkeitsbereichen

Aus § 5 Arbeitsschutzgesetz

„Der Arbeitgeber hat die Beurteilung je nach Art der Tätigkeiten vorzunehmen. Bei gleichartigen Arbeitsbedingungen ist die Beurteilung eines Arbeitsplatzes oder einer Tätigkeit ausreichend" (§ 5 Abs. 2 ArbSchG, 2024, o. S.).

Das psychische Belastungsempfinden der Mitarbeiter*innen kann je nach Tätigkeit und Abteilung unterschiedlich sein. Bevor mit der Befragung begonnen

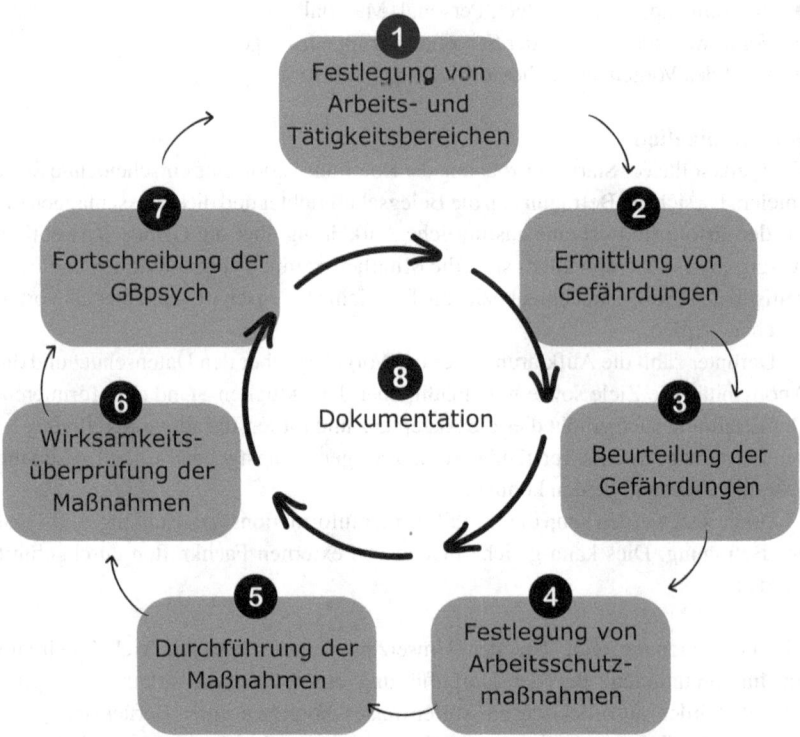

Abb. 3.1 Vorschlag zur Prozessgestaltung der GBpsych nach GDA-Leitlinien. (Eigene Darstellung in Anlehnung an die GDA-Leitlinien, 2018)

wird, eignet sich grundsätzlich eine Einteilung in verschiedene Bereiche, die entweder abteilungsspezifisch beschrieben werden, wie z. B. Marketing, Vertrieb, Controlling, Produktion, etc. oder sich abteilungsübergreifend in Tätigkeiten zusammenfassen lassen, wie z. B. Assistent*innen, Lehrkräfte, Außendienstmitarbeiter*innen.

Um die Anonymität zu gewährleisten, sollten Bereiche gebildet werden, in denen mehr als 10 bis 15 Mitarbeiter*innen zusammengefasst werden können. Da sich dies in einem Klein- oder Kleinstunternehmen oftmals schwer gestalten lässt, kann hier der Fokus auf einem Bereich liegen: das gesamte Unternehmen – ohne Einteilung. Je nach Mitarbeiter*innenzahl ist es dennoch möglich, zumindest zwei bis drei Bereiche zu bilden. Dies hat den Vorteil, dass die Ergebnisse spezifischer auf einzelne Bereiche im Unternehmen erhoben und später „passgenauere" Maßnahmen abgeleitet werden können.

2. Ermittlung von Gefährdungen

Ist die Einteilung erfolgt, beginnt die Ermittlung der Gefährdungen:

Aus § 5 Arbeitsschutzgesetz

„Der Arbeitgeber hat durch eine Beurteilung der für die Beschäftigten mit ihrer Arbeit verbundenen Gefährdung zu ermitteln, welche Maßnahmen des Arbeitsschutzes erforderlich sind" (§ 5 Abs. 1 ArbSchG, 2024, o. S.).

Darüber hinaus legt die Gesetzgebung fest, durch was sich eine Gefährdung im Unternehmen ergeben kann:

Aus § 5 Arbeitsschutzgesetz

„Eine Gefährdung kann sich insbesondere ergeben durch

1. die Gestaltung und die Einrichtung der Arbeitsstätte und des Arbeitsplatzes,
2. physikalische, chemische und biologische Einwirkungen,
3. die Gestaltung, die Auswahl und den Einsatz von Arbeitsmitteln, insbesondere von Arbeitsstoffen, Maschinen, Geräten und Anlagen sowie den Umgang damit,
4. die Gestaltung von Arbeits- und Fertigungsverfahren, Arbeitsabläufen und Arbeitszeit und deren Zusammenwirken,
5. unzureichende Qualifikation und Unterweisung der Beschäftigten,
6. psychische Belastungen bei der Arbeit" (§ 5 Abs. 3 ArbSchG, 2024, o. S.).

Dabei ist nicht konkretisiert, was unter einer psychischen Belastung bei der Arbeit zu verstehen ist. Die GDA (2018) unterscheidet Merkmalsbereiche mit ihren jeweiligen Belastungsfaktoren in:

- Arbeitsinhalte/-aufgabe
- Arbeitsorganisation
- Arbeitszeit
- Soziale Beziehungen
- Arbeitsmittel
- Arbeitsumgebung

Wie die Gefährdungen ermittelt werden können, ist laut Arbeitsschutzgesetz ebenfalls nicht konkret ersichtlich. In Klein- und Kleinstunternehmen liegt, aufgrund der kleinen Belegschaft, der Vorteil nahe, die Erhebung der psychischen Belastungen anhand zweier Blickwinkel zu betrachten: durch die Verbindung von quantitativen und qualitativen Methoden.

Der Vorteil einer quantitativen Erhebung besteht darin, eine Objektivität zu schaffen. Darüber hinaus können bei der Datenauswertung ebenfalls Trends beobachtet werden sowie eine erste Bestandsaufnahme der psychischen Belastungen erfolgen.

Zudem wird versucht, inhaltliche Schwerpunkte bei der Durchführung der GBpsych in dem ausgewählten Betrieb zu setzen. Es können auf kosteneffiziente Weise digitale Instrumente genutzt werden, um die GBpsych durchzuführen.

Prozessbezogene Fragebögen (wie beispielsweise von WE ARE MENTAL) oder Checklisten und Leitfäden (wie beispielsweise ChEF oder von Berufsgenossenschaften) ermöglichen es Mitarbeiter*innen, ihre Einschätzungen anonym abzugeben, während zugleich die Nutzung von sicheren, datenschutzkonformen Plattformen den Schutz sensibler Informationen gewährleistet.

Die Kombination mit qualitativen Methoden, wie bspw. Workshops oder Interviews, ermöglichen eine tiefere Einsicht in die subjektiven Erfahrungen und Wahrnehmungen der Mitarbeiter*innen. Dies ist besonders relevant, da psychische Belastungen individuell unterschiedlich wahrgenommen werden. Zudem können aufgrund eines Interviews mit einer unabhängigen Person erste Maßnahmenvorschläge abgefragt werden, die direkt auf die Mitwirkung und Mitgestaltung, somit die Stärkung der Selbstwirksamkeit von Mitarbeiter*innen, einzahlen. Es wird die Möglichkeit geboten, durch spontane Zusatzfragen eventuelle unbewusste Sachverhalte aufdecken zu können und bietet zudem die Eventualität, dass bei zentralen Punkten in die Tiefe gegangen werden kann. Durch diese Möglichkeit können unentdeckte Gefährdungen und Belastungen aufgedeckt werden, welche womöglich durch die vorab entwickelten Fragen nicht identifiziert werden können.

Die Kombination ermöglicht, ein umfassendes Bild der psychischen Belastungen in einem Unternehmen zu ermitteln und fundierte Maßnahmen zur Verbesserung der Arbeitsbedingungen zu entwickeln. Somit besteht die Chance, aus verschiedenen Perspektiven auf das Klein-und Kleinstunternehmen zu blicken und damit ein möglichst vielseitiges Bild der Arbeitsbedingungen zu generieren.

3. Beurteilung von Gefährdungen

Nachdem die Gefährdungen ermittelt wurden, muss eine Bewertung ebendieser erfolgen, um darauf basierend geeignete Arbeitsschutzmaßnahmen festzulegen und durchzuführen (siehe Punkt 4 und Punkt 5). Allerdings erweist sich die Beurteilung als komplex, insofern die Durchführung ohne fachliche Unterstützung erfolgt. Es besteht die Gefahr, dass Gefährdungen subjektiv und inkorrekt interpretiert werden. Aufgrund dessen empfiehlt sich an der Stelle erneut das Hinzuziehen von unabhängigen Expert*innen mit entsprechender Qualifikation, um festzustellen, wann eine Belastung zu einer Gefährdung oder zu einem Schutzfaktor eingeschätzt wird. Dies beugt Vorurteile, Befangenheit und Beeinflussung vor.

4. Festlegung von Arbeitsschutzmaßnahmen

Aus § 3 Arbeitsschutzgesetz

„Der Arbeitgeber ist verpflichtet, die erforderlichen Maßnahmen des Arbeitsschutzes unter Berücksichtigung der Umstände zu treffen, die Sicherheit und Gesundheit der Beschäftigten bei der Arbeit beeinflussen" (§ 3 Abs. 1 Satz 1 ArbSchG, 2024, o. S.).

Es empfiehlt sich, die Belegschaft aktiv in den Prozess der Maßnahmenfestlegung mit einzubeziehen und sie bei der Entwicklung von Lösungsvorschlägen zu beteiligen, da sie über das beste Verständnis für ihre jeweiligen Aufgaben und die damit verbundenen Belastungen verfügen.

Je nach vorheriger Wahl der Vorgehensmethode – quantitativ und/oder qualitativ – erweist sich ein Vertiefungsworkshop zu den Ergebnissen als hilfreich. Wie bestimmte Bedingungen tatsächlich von einem*r Mitarbeiter*in empfunden werden, kann meist nur im Dialog festgestellt werden. Beispielsweise kann ein bestimmter Führungsstil einen Teil der Mitarbeiter*innen motivieren, bei Anderen Angst hervorrufen und somit zu einer Leistungsminderung führen. Somit können die aus der Befragung gewonnenen Schwerpunkte vertieft werden, um im Anschluss geeignete Maßnahmen abzuleiten. Aufgrund dessen sollte der Fokus auf den Gefährdungen liegen und diese mithilfe der Belegschaft durch geeignete Maßnahmen minimiert werden. Darüber hinaus können auch bereits eingeführte Maßnahmen in die Planung mit einbezogen werden.

5. Durchführung der Maßnahmen

Aus § 2 Arbeitsschutzgesetz

„Maßnahmen des Arbeitsschutzes im Sinne dieses Gesetzes sind Maßnahmen zur Verhütung von Unfällen bei der Arbeit und arbeitsbedingten Gesundheitsgefahren einschließlich Maßnahmen der menschengerechten Gestaltung der Arbeit" (§ 2 Abs. 1 ArbSchG, 2024, o. S.).

Maßnahmen sollten vorrangig an den Ursachen der Belastungen ansetzen. Deshalb ist die Betrachtung der Verhältnisprävention – auf organisatorischer, struktureller, prozessualer und operationeller Ebene – ebenso wichtig, wie die Verhaltensprävention der Mitarbeiter*innen.

An dieser Stelle sei darauf hingewiesen, dass es bei der Einführung der Maßnahmen nicht um Masse geht. Dennoch sollte, um die Arbeitssituation nachhaltig zu verbessern, die Einführung der Maßnahmen zielgerichtet stattfinden. Da sich einzelne Belastungsfaktoren gegenseitig bedingen können, ist ggf. die Kombination mehrerer Maßnahmen sinnvoll, da der Wirkungsgrad spürbar erhöht werden kann. Dabei ist ebenso eine Kosten-Nutzen-Abwägung von Vorteil. Allerdings müssen nicht alle Maßnahmen sofort umgesetzt werden. Zugleich ist dies nicht immer erforderlich. Wichtig dabei ist jedoch, die Mitarbeiter*innen jederzeit über die getroffenen Entscheidungen und die Umsetzungspläne transparent zu informieren.

6. Wirksamkeitsüberprüfung der Maßnahmen

Aus § 3 Arbeitsschutzgesetz

„Er hat die Maßnahmen auf ihre Wirksamkeit zu überprüfen und erforderlichenfalls sich ändernden Gegebenheiten anzupassen. Dabei hat er eine Verbesserung von Sicherheit und Gesundheitsschutz der Beschäftigten anzustreben" (§ 3 Abs. 1 Satz 2 ArbSchG, 2024, o. S.).

Sobald die konkretisierten Maßnahmen eingeführt sind und in der Erprobung stehen, müssen diese ebenfalls evaluiert werden, um herauszufinden, ob die Maßnahmen auch Wirkung zeigen und eine Verbesserung der Arbeitssituation hervorgerufen werden konnte. Dies verfolgt den Zweck, die Nachhaltigkeit und die Effizienz der einzelnen Maßnahmen zu überprüfen und ggf. zu optimieren. In Klein- und Kleinstunternehmen kann dies durch einfache Weise mittels eines erneuten Fragebogens abgefragt werden.

7. Fortschreibung

Analog der Gesetzgebung in Punkt 6 muss das Unternehmen nicht nur die Maßnahmen auf ihre Wirksamkeit überprüfen, sondern die GBpsych gemäß den aktuellen Gegebenheiten in regelmäßigen Abständen fortschreiben bzw. anpassen. Dabei ist sie kein „Einmalprojekt", sondern versteht sich als „kontinuierlicher Verbesserungsprozess [...], der sich ändernden Gegebenheiten Rechnung trägt" (BAuA, 2014, S. 37). Nach § 3 Abs. 1 ArbSchG ist eine Gefährdungsbeurteilung zu aktualisieren, wenn sich Gegebenheiten, welche in der Gefährdungsbeurteilung aufgenommen wurden, ändern (§ 3 Abs. 1 ArbSchG, 2024).

Veränderungen der Arbeitsbedingungen, wie beispielsweise ein*e neue*e Beschäftigte*r stellen einen möglichen Grund der Anpassung dar. Besonders in Klein- und Kleinstunternehmen kann die Neubesetzung eine ganze „Abteilung" betreffen. Aufgrund unserer langjährigen praktischen Erfahrung in der Durchführung von GBpsych empfehlen wir eine Fortschreibung im Intervall von drei Jahren.

8. Dokumentation

Der*Die Arbeitgeber*in muss über ein Dokument verfügen, worin die Ergebnisse der psychischen Gefährdungsbeurteilung, sowie die festgelegten Maßnahmen und deren Überprüfung erkenntlich sind (§ 6 Abs. 1 ArbschG, 2024). In diesem Zusammenhang macht § 6 Abs. 1 ArbSchG (2024) geltend, dass auch Kleinbetriebe zu einer Dokumentation der Gefährdungsbeurteilung verpflichtet werden. Für Klein- und Kleinstunternehmen ist eine vereinfachte Dokumentation ausreichend. Aus der Dokumentation heraus muss erkennbar sein, dass die Pflichten zur GBpsych erfüllt sind. Die Dokumentation muss mindestens die Beurteilung der Gefährdungen, Maßnahmen, Durchführung der Maßnahmen sowie Wirksamkeit und ein Erstelldatum einschließen (Nationale Arbeitsschutzkonferenz, 2018). Die Dokumentation soll dazu dienen, dass ein Nachweis „(...) der Erfüllung der gesetzlichen Pflicht zur Durchführung der Gefährdungsbeurteilung gegenüber Aufsichtsdiensten" (Beck et al., 2014, S. 122) vorliegt.

Da die Verantwortung der Durchführung der Maßnahmen sowie die Fortschreibung der GBpsych ebenso eine rechtliche Verpflichtung darstellt, scheint es sinnvoll, dass ein Gestaltungshandbuch erarbeitet wird, in welchem die ermittelten psychischen Belastungen sowie deren Maßnahmen dokumentiert werden. Dieses Gestaltungshandbuch soll somit als Basis für die Erprobung der Maßnahmen, der Fortschreibung und als Überprüfung dienen.

Im Allgemeinen ermöglicht das Arbeitsschutzgesetz eine freie Wahl bei der Auswahl der methodischen Vorgehensweise. Die Qualität der ermittelten Belastungen, die durch geeignete Analyseverfahren bestimmt werden, beeinflusst maßgeblich, ob tatsächlicher Bedarf für Veränderungen besteht oder ob Maßnahmen zur Anpassung nicht erforderlich sind. Das Nichterkennen von Gefährdungen führt dazu, dass die Mitarbeiter*innen weiterhin unter Beeinträchtigungen am Arbeitsplatz leiden „müssen". Arbeitsbedingungen, die fälschlicherweise als gefährlich identifiziert wurden, können zu unnötigen Kosten und zusätzlichem Aufwand führen.

Insgesamt erfordert die GBpsych in Klein- und Kleinstunternehmen eine kreative und anpassungsfähige Herangehensweise. Indem diese Unternehmen ihre begrenzten Ressourcen geschickt einsetzen und auf die individuellen Bedürfnisse ihrer Mitarbeiter*innen eingehen, können sie einen positiven Beitrag zur psychischen Gesundheit leisten und gleichzeitig eine gesunde und produktive Arbeitsumgebung schaffen.

Die nachfolgenden beiden Unterkapitel widmen sich zum einen den Herausforderungen, die im Zuge der GBpsych in Klein- und Kleinstunternehmen relevant sein könnten, zum anderen der Betrachtung der Besonderheiten und Chancen einer kleinen Belegschaft.

3.2 Herausforderungen und Grenzen der Durchführung

Die Durchführung einer GBpsych stellt in Kleinunternehmen aufgrund ihrer spezifischen Strukturen und Ressourcen oft eine besondere Herausforderung dar. Die begrenzten Ressourcen, mangelnde Expertise, unklare Zuständigkeiten und die oft geringe Sensibilisierung erfordern eine differenzierte Herangehensweise. Nachfolgende Aufzählung bzw. Argumentation unterstreicht die Sichtweise, sich auf Führungsebene über die Möglichkeit von externen Berater*innen bei der Durchführung unterstützen zu lassen.

Ressourcenknappheit
Kleinunternehmen operieren häufig mit begrenzten personellen und finanziellen Ressourcen. Die Durchführung einer umfassenden GBpsych erfordert jedoch Zeit und Fachkenntnisse, die in kleinen Teams möglicherweise nicht ausreichend vorhanden sind. Die Erstellung von Fragebögen, die Auswertung von Ergebnissen und die Umsetzung von Maßnahmen erfordern eine Investition, die in kleinen Unternehmen nicht immer leicht zu realisieren ist.

Mangelnde Expertise
In kleinen Unternehmen fehlt oft das Know-how im Bereich der psychischen Gesundheit und Arbeitssicherheit. Die Verantwortlichen können möglicherweise nicht über ausreichende Fachkenntnisse verfügen, um die Beurteilung angemessen durchzuführen. Dies kann zu unzureichenden Analysen und Maßnahmen führen, die wiederum die Effektivität der GBpsych beeinträchtigen.

Geringe Anonymität und Offenheit
Die enge Verbundenheit in kleinen Teams kann eine offene Kommunikation über psychische Belastungen erschweren. Mitarbeiter*innen könnten zögern, ihre Herausforderungen zu teilen, aus Angst vor möglichen Konsequenzen oder aufgrund der Sorge, das harmonische Teamgefüge zu stören. Dies erschwert eine ehrliche Erfassung von psychischen Gefährdungen.

Unklare Zuständigkeiten
In Kleinunternehmen sind die Hierarchien oft flach, und die Zuständigkeiten können unklar sein. Die Verantwortlichkeiten für die GBpsych könnten auf zu wenigen Schultern lasten, was zu einer unzureichenden Verteilung von Aufgaben und zur Vernachlässigung wichtiger Aspekte führen kann.

Begrenzte Handlungsspielräume
Klein- und Kleinstunternehmen könnten aufgrund ihrer Größe begrenzte Handlungsspielräume haben, um auf psychische Belastungen angemessen zu reagieren. Die Implementierung von Maßnahmen zur Verbesserung der psychischen Gesundheit könnte aufgrund begrenzter Ressourcen und Strukturen erschwert werden.

Fehlende Sensibilisierung
In kleinen Unternehmen kann das Bewusstsein für die Bedeutung der psychischen Gesundheit gering sein. Dies kann dazu führen, dass die GBpsych nicht als prioritär betrachtet und somit vernachlässigt wird. Ein fehlendes Bewusstsein kann auch zu einer geringen Bereitschaft der Mitarbeiter*innen führen, an den Bewertungen teilzunehmen.

Begrenzter Datenschutz und Anonymität
Die Durchführung der GBpsych in Klein- und Kleinstunternehmen kann ebenso mit Herausforderungen bezüglich Anonymität und Datenschutz verbunden sein. Aufgrund der oft geringen Mitarbeiter*innenzahl ist es schwieriger, absolute Anonymität zu gewährleisten. Mitarbeiter*innen könnten befürchten, dass ihre

Antworten Rückschlüsse auf ihre Person zulassen und somit potenziell negative Auswirkungen auf ihre berufliche Situation haben könnten. Dieser Mangel an Anonymität könnte dazu führen, dass sie sich weniger offen über psychische Belastungen äußern oder sogar wichtige Aspekte aus Sorge um mögliche Konsequenzen verschweigen. Kleine Unternehmen müssen daher besonders sensibel mit den Datenschutzbestimmungen umgehen, klare Kommunikation sicherstellen und möglicherweise externe Expert*innen einbinden, um die Vertraulichkeit und Anonymität bei der Durchführung der GBpsych zu gewährleisten.

Es ist entscheidend, passende Methoden und Instrumente zu entwickeln und zu wählen, die den spezifischen Bedürfnissen kleiner Unternehmen gerecht werden und gleichzeitig eine angemessene Berücksichtigung der psychischen Gesundheit der Mitarbeiter*innen ermöglichen.

3.3   Fokus auf die Besonderheit einer kleinen Belegschaft

Wie bereits unter Abschn. 2.1 dargestellt, definieren sich Kleinst- und Kleinunternehmen anhand der Mitarbeiter*innenanzahl sowie des Umsatzes. In Unternehmen mit einer geringen Anzahl von Mitarbeiter*innen offenbart sich oft eine besondere Dynamik. Die enge Zusammenarbeit und persönlichen Beziehungen prägen die Arbeitsatmosphäre und beeinflussen auch die psychische Gesundheit der Mitarbeiter*innen.

Für ein gesundes und erfolgreiches Unternehmen gilt es, die Stärken und Potenziale des Unternehmens selbst und dessen Mitarbeiter*innen in Zukunft zu halten und auszubauen. Gesunde Mitarbeiter*innen stellen einen Ausgangspunkt für ein erfolgreiches Unternehmen dar. Die GBpsych kann in diesem Zuge als ein unterstützendes Tool betrachtet werden, das Potenziale als auch Gefährdungen aufdeckt und somit Klein-und Kleinstunternehmen in der Stärkung gesunder Arbeitsbedingungen unterstützt.

Persönliche Nähe und offene Kommunikation
In kleinen Teams besteht oft eine engere Bindung zwischen den Mitarbeiter*innen. Diese persönliche Nähe schafft eine offene Kommunikationskultur, in der Probleme und Belastungen leichter angesprochen werden können. Im Rahmen der GBpsych bietet dies die Möglichkeit, frühzeitig auf potenzielle Herausforderungen einzugehen und präventive Maßnahmen zu ergreifen.

Flexibilität und individuelle Lösungen
Kleine Belegschaften zeichnen sich durch ihre Flexibilität aus. Diese Flexibilität eröffnet die Chance, individuelle Lösungen für die psychische Gesundheit der Mitarbeiter*innen zu entwickeln. Maßgeschneiderte Unterstützungsangebote, wie bspw. flexible Arbeitszeiten oder spezielle Mentoring-Programme, können gezielt auf die Bedürfnisse der einzelnen Mitarbeiter*innen abgestimmt werden.

Gemeinschaftsgefühl und soziale Unterstützung
Das Gemeinschaftsgefühl in kleinen Teams fördert die soziale Unterstützung unter den Mitarbeiter*innen. Ein starkes Zusammengehörigkeitsgefühl kann dazu beitragen, psychische Belastungen zu reduzieren. Die Identifikation mit dem Unternehmen und den Kolleg*innen kann als Schutzfaktor dienen und die psychische Resilienz stärken.

Schnelle Reaktionsmöglichkeiten
Die geringe Hierarchie in kleinen Unternehmen ermöglicht schnelle Reaktionsmöglichkeiten. Im Falle von psychischen Belastungen können rasch Maßnahmen ergriffen werden, sei es durch Anpassungen im Arbeitsumfeld, gezielte Weiterbildungen oder die Implementierung von unterstützenden Strukturen. Diese Agilität kann dazu beitragen, dass sich psychische Belastungen nicht chronifizieren.

Gemeinsame Verantwortung
In kleinen Belegschaften ist die Verantwortung oft auf weniger Schultern verteilt. Dies kann zu einem intensiveren Bewusstsein für die Bedeutung der psychischen Gesundheit jedes*jeder Einzelnen führen. Ebenso kann das Bewusstsein für gemeinsame Verantwortung zu einer proaktiven Auseinandersetzung mit psychischen Belastungen führen und das Engagement für präventive Maßnahmen stärken.

Obwohl kleine Belegschaften viele Chancen bieten, gibt es auch einige herausfordernde Aspekte, die im Zusammenhang mit ihrer Größe stehen. Einige dieser Aspekte sind:

Begrenzte Ressourcen und mangelnde Redundanz
Kleinere Belegschaften haben oft weniger (personelle) Ressourcen zur Verfügung. Dies kann zu Engpässen in bestimmten Fähigkeiten oder Know-how führen, insbesondere wenn es um spezialisierte Aufgaben geht. Wenn zudem einzelnen Mitarbeiter*innen ausfallen, kann dies zu einem erheblichen Einfluss auf den Arbeitsablauf führen. Es gibt weniger Redundanz, und die Abwesenheit einer*s Schlüsselmitarbeiter*in kann zu Unterbrechungen führen.

Begrenzte Entwicklungsmöglichkeiten
Kleinere Teams bieten oft begrenzte Aufstiegs- und Entwicklungsmöglichkeiten. Dies kann zu Unzufriedenheit und Kündigungen führen, wenn Mitarbeiter*innen das Gefühl haben, dass ihre berufliche Entwicklung stagniert.

Höheres Arbeitspensum
In kleinen Belegschaften tragen die einzelnen Mitarbeiter*innen oft mehr Verantwortung und müssen möglicherweise eine breitere Palette von Aufgaben übernehmen. Dies kann zu einem höheren Arbeitspensum und gegebenenfalls schneller zu Überlastung führen.

Weniger Diversität
Kleinere Teams haben oft eine begrenztere Vielfalt an Ressourcen, Perspektiven und Hintergründen. Dies kann die Innovationsfähigkeit des Teams beeinträchtigen und zu einem Mangel an kreativen Lösungsansätzen führen.

Abhängigkeit von Schlüsselpersonen
In kleinen Belegschaften können bestimmte Personen unverzichtbar werden. Wenn diese Schlüsselpersonen das Unternehmen verlassen oder ausfallen, kann dies zu erheblichen Problemen führen.

Schwierigkeiten bei der Abdeckung von Aufgaben
Urlaub, Krankheit oder andere Abwesenheiten können in kleinen Teams zu Herausforderungen führen, da es möglicherweise niemanden gibt, der die Arbeit vorübergehend übernehmen kann.

Zu beachten ist jedoch, dass die aufgeführten Herausforderungen nicht zwangsläufig auf alle kleinen Belegschaften zutreffen. Viele dieser Aspekte können durch effektives Management und kluge Ressourcenplanung gemildert werden.

Die Besonderheiten einer kleinen Belegschaft bieten gleichermaßen ein fruchtbares Umfeld für die GBpsych. Die enge Zusammenarbeit, das hohe Maß an Flexibilität und das starke Gemeinschaftsgefühl schaffen die Grundlage für individuelle und effektive Maßnahmen zur Förderung der psychischen Gesundheit. Kleine Unternehmen haben die Chance, nicht nur auf Herausforderungen zu reagieren, sondern proaktiv die psychische Gesundheit ihrer Mitarbeiter*innen zu stärken und somit langfristig den Unternehmenserfolg zu fördern.

Um das Thema der GBpsych nachhaltig platzieren zu können, werden im Kap. 4. Impulse und Handlungsmöglichkeiten aufgeführt, die auf Unternehmensebene, Mitarbeiter*innenebene und Führungsebene die Etablierung der GBpsych unterstützen sollen.

Impulse und Handlungsempfehlungen 4

Die GBpsych erfordert ein ganzheitliches und proaktives Vorgehen. Sie ist ein entscheidender Schritt, um die psychische Gesundheit der Mitarbeiter*innen zu fördern und langfristig den Unternehmenserfolg zu sichern.

Die genannten Impulse und Handlungsempfehlungen dienen als Leitfaden, um Unternehmen bei der Entwicklung und Implementierung einer effektiven GBpsych zu unterstützen.

4.1 Unternehmensebene

Das Employer Branding, also das Bild eines Unternehmens als Arbeitgebermarke, wird durch die Pflege der Mitarbeiter*innengesundheit nachhaltig beeinflusst. Unternehmen, die sich um das psychische Wohlbefinden ihrer Mitarbeiter*innen kümmern, werden als sozial verantwortlich wahrgenommen. Dies trägt dazu bei, ein positives Image in der Öffentlichkeit aufzubauen und das Vertrauen von Kund*innen, Geschäftspartner*innen und potenziellen Mitarbeiter*innen zu stärken.

Mental Health Kampagne
Auch in Klein- und Kleinstunternehmen lohnt sich die Überlegung, die Durchführung der GBpsych in eine ganzheitliche Kampagne einzubetten, bspw. in Form eines Gesundheitstags oder einer Gesundheitswoche. Dies hat den Vorteil, dass verschiedene Angebote zur Gesundheit – sowohl auf physischer als auch auf psychischer Ebene – auf die Stärkung von gesundheitsförderlichen Verhaltensweisen der Belegschaft einzahlen sowie ein Zusammenspiel auf Unternehmens-, Führungs-

© Der/die Autor(en), exklusiv lizenziert an Springer Fachmedien Wiesbaden GmbH, ein Teil von Springer Nature 2024
M. Meyer-Tischler und M. Faltermeier, *Psychische Gefährdungsbeurteilung*, essentials, https://doi.org/10.1007/978-3-658-44826-4_4

und Mitarbeiterebene fördern. Krankenkassen bieten hier ebenfalls Unterstützung bei der Umsetzung.

Sensibilisierung und Aufklärung
Vor Start der Befragung zur GBpsych ist es entscheidend, das Bewusstsein für das Thema psychische Gesundheit zu schärfen. Schulungen für die Belegschaft können dabei helfen das Verständnis für psychische Belastungen zu vertiefen und Hemmschwellen im Umgang mit diesem sensiblen Thema abzubauen.

Gesamte Belegschaft miteinbeziehen
Die Einladung an jede*n Einzelne*n sich an Befragungen zu beteiligen ist entscheidend, um ein umfassendes Bild der psychischen Gefährdungen am Arbeitsplatz zu erhalten sowie die Glaubwürdigkeit an die Führungsebene zu stärken. Ein partizipativer Ansatz kann die Wirksamkeit der Beurteilung steigern. Mitarbeiter*innen können aktiv in den Prozess eingebunden werden, beispielsweise durch Workshops oder Fokusgruppen. Dies fördert nicht nur die Beteiligung, sondern ermöglicht auch, individuelle Bedürfnisse besser zu verstehen. Daher wir das Miteinbeziehen der gesamten Belegschaft unbedingt empfohlen.

Schaffung einer offenen Kommunikationskultur
Kleinunternehmen zeichnen sich oft durch enge Beziehungen zwischen Mitarbeiter*innen und Führungskräften aus. Diese Nähe kann als Chance genutzt werden, um ein Vertrauensklima zu schaffen, in dem sich Mitarbeiter*innen sicher fühlen ihre Erfahrungen und Belastungen zu teilen. Offene Kommunikation und regelmäßiger Dialog sind hierbei von zentraler Bedeutung.

Fachliche Unterstützung hinzuziehen
Kleinunternehmen, die aufgrund ihrer Größe Schwierigkeiten bei der Gewährleistung von Anonymität haben, sollten externe Dienstleister*innen in Betracht ziehen. Externe Experte*innen sind unabhängig und führen die Beurteilung – durch angepasste Fragebögen, Workshops oder vertrauliche Gespräche – durch. Darüber hinaus präsentieren sie die Ergebnisse anonymisiert, um die Integrität des Prozesses zu gewährleisten.

Entwicklung von Maßnahmenkatalogen
Auf Basis der Ergebnisse der GBpsych sollten konkrete Maßnahmenkataloge erarbeitet werden. Hier empfiehlt sich zunächst ein Bottom-Up-Ansatz, in dem die Mitarbeiter*innen nach Maßnahmen befragt werden. Diese werden wiederum Top-Down nach ihrer Umsetzbarkeit überprüft und sowohl den Führungskräften als

auch den Mitarbeiter*innen zur Verfügung gestellt. Zu berücksichtigen sind dabei ebenfalls präventive Maßnahmen als Interventionen für bereits belastete Mitarbeiter*innen. Ein gut durchdachter Maßnahmenkatalog ermöglicht eine gezielte Umsetzung und schafft Transparenz.

Integration in das Gesundheitsmanagement
Die GBpsych soll als integralen Bestandteil im betrieblichen Gesundheitsmanagement verankert werden. Eine Verknüpfung mit anderen Gesundheitsmaßnahmen stellt sicher, dass die psychische Gesundheit nicht isoliert betrachtet wird, sondern Teil eines umfassenden Ansatzes zur Förderung der Mitarbeiter*innengesundheit ist.

Regelmäßige Überprüfung und Anpassung
Die Arbeitswelt und ihre Anforderungen sind einem ständigen Wandel unterzogen. Daher ist es essenziell, die GBpsych regelmäßig zu überprüfen und an aktuelle Gegebenheiten anzupassen. Durch kontinuierliche Evaluation können neue Belastungsfaktoren erkannt und präventive Maßnahmen rechtzeitig implementiert werden.

Nicht zuletzt ist die GBpsych ein wirkungsvolles Tool, um das Employer Branding zu stärken.

4.2 Mitarbeiterebene

Die Verantwortung für Mitarbeiter*innenbindung und betriebliche Gesundheitsförderung liegt nicht nur bei der Unternehmensführung, sondern auch bei den Mitarbeiter*innen selbst. Ein partnerschaftlicher Ansatz, bei dem beide Seiten aktiv an Lösungen mitarbeiten, kann zu einer starken Unternehmenskultur beitragen.
Die GBpsych auf Mitarbeiterebene ist ein bedeutender Schritt, um das Wohlbefinden der Angestellten zu fördern und das Bewusstsein für psychische Gesundheit zu stärken. In diesem Unterkapitel werden Impulse und Handlungsempfehlungen präsentiert, die Mitarbeiter*innen helfen sollen, aktiv zur GBpsych beizutragen.

Stärkung der Eigenverantwortung
„Die Beschäftigten sind verpflichtet, nach ihren Möglichkeiten sowie gemäß der Unterweisung und Weisung des Arbeitgebers für ihre Sicherheit und Gesundheit

bei der Arbeit Sorge zu tragen" (§ 15 Abs. 1 S. 1 ArbSchG, 2024, o. S.). Mitarbeiter*innen sollten an ihre Eigenverantwortung erinnert werden, indem sie sich im Rahmen von Workshops, Gesundheitstagen oder Gesundheitswochen mit sich selbst auseinandersetzen. Indem Mitarbeiter*innen Verantwortung für ihre psychische Gesundheit übernehmen und ihre Erfahrungen teilen, können sie dazu beitragen, ein Arbeitsumfeld zu schaffen, das die psychische Gesundheit aller fördert.

Offene Kommunikation mit Vorgesetzten und Kolleg*innen

Eine geringere Mitarbeiter*innenanzahl in Klein- und Kleinstunternehmen kann zum einen die enge Zusammenarbeit und den Austausch innerhalb der Belegschaft fördern, zum anderen können ebenfalls häufiger Konflikte entstehen.

Dadurch, dass das häufig noch stigmatisierende Themenfeld der psychischen Gesundheit im Arbeitskontext durch die GBpsych bewertet wird, bietet sich an, eine offene Kommunikation über psychische Belastungen zu fördern. Regelmäßig Feedback einzufordern, Grenzen aufzuzeigen und die eigene Befindlichkeit zu kommunizieren schafft Verständnis und ermöglicht es, gemeinsam nach Lösungen zu suchen. Eine offene Kommunikation ebenfalls trägt dazu bei, dass psychische Belastungen frühzeitig erkannt und ggf. behandelt werden können.

Schaffung von Unterstützungsangeboten

Im Rahmen der GBpsych empfiehlt sich während des gesamten Prozesses (und bestenfalls darüber hinaus) Angebote für Mitarbeiter*innen, die auf die Förderung von physischer und psychischer Gesundheit einzahlen, anzubieten. Mitarbeiter*innen können zum Beispiel Beratungsdienste, Betriebsärzt*innen oder Workshops zu Stressbewältigung und Achtsamkeit wahrnehmen, um ebenfalls selbst für ihre Gesundheit Sorge zu tragen.

Förderung eines unterstützenden Arbeitsumfelds

Jede*r einzelne Mitarbeiter*in – gerade innerhalb einer kleinen Belegschaft – ist maßgeblich an der Gestaltung der Unternehmenskultur mitbeteiligt. Durch die aktive Bereitschaft, bspw. Empathie gegenüber Kolleg*innen, wird ein unterstützendes Arbeitsumfeld geschaffen. Dies trägt dazu bei, eine Kultur der Fürsorglichkeit und Unterstützung zu etablieren. Ein starkes soziales Netzwerk am Arbeitsplatz kann psychische Belastungen reduzieren.

Um die GBpsych auf Mitarbeiterebene erfolgreich zu etablieren, muss die Belegschaft aktiv eingebunden werden. Zugleich erfordert es ein Erwartungsmanagement von beiden Seiten. Die Durchführung der GBpsych ist ein wirksames Tool für die Verbesserung der Arbeitsbedingungen, wobei die Mitarbeiter*innen ebenfalls dazu angehalten sind, ihre eigene Verantwortung bei der Mitgestaltung zu aktivieren.

4.3 Führungsebene

Die Führungsebene spielt eine entscheidende Rolle bei der Schaffung eines gesunden Arbeitsumfelds und der Förderung der psychischen Gesundheit der Mitarbeiter*innen. In diesem Unterkapitel werden Impulse und Handlungsempfehlungen vorgestellt, die Führungskräfte dabei unterstützen sollen, eine effektive GBpsych in ihren Unternehmen zu implementieren.

Implementierung von Maßnahmen aus GBpsych-Ergebnissen
Die Ergebnisse der GBpsych sollten aktiv zur Entwicklung und Implementierung von gezielten Maßnahmen genutzt werden. Zu berücksichtigen sind dabei nicht nur organisatorische Veränderungen, sondern auch Programme zur Förderung der psychischen Gesundheit, wie beispielsweise Stressbewältigungsworkshops oder Coaching-Angebote, die den Mitarbeiter*innen ggf. während der Arbeitszeit angerechnet werden.

Vorbildfunktion übernehmen
Führungskräfte haben aufgrund ihrer Rolle einen direkten Einfluss auf Mitarbeiter*innen und gestalten die Unternehmenskultur ebenfalls mit. Deshalb sollten sie eine klare Vorbildfunktion in Bezug auf den Umgang mit psychischer Gesundheit einnehmen. Vorleben wirkt überzeugender als jeder Appell. Indem sie ihre eigenen Grenzen äußern, Selbstfürsorge betreiben oder offen über ihr Befinden sprechen, zeigen sie, dass auch auf Führungsebene der Umgang mit Belastungen wichtig ist. Dies schafft Vertrauen und ermutigt Mitarbeiter*innen, offen über ihre eigenen Herausforderungen zu sprechen.

Sensibilisierung und Schulungen für Führungskräfte
Führungskräfte sollten Zugang zu Schulungen erhalten, um das Bewusstsein für die psychische Gesundheit zu schärfen und die Fähigkeiten im Umgang mit psychischen Belastungen zu stärken. Sie sollten in der Lage sein, Anzeichen von Überlastung bei ihnen selbst als auch bei deren Teammitglieder zu erkennen und angemessen darauf zu reagieren. Darüber hinaus sollten Grenzen der Führungsverantwortung klar abgesteckt werden.

Klare Kommunikation über Erwartungen

Durch den indirekten Einfluss auf Mitarbeiter*innen durch Zielvereinbarungen, Informationsweitergabe und Koordination, spielen Führungskräfte eine entscheidende Rolle in der Kommunikation. Es muss sichergestellt sein, dass die Erwartungen und Ziele an die Mitarbeiter*innen klar kommuniziert werden. Unklarheiten über Aufgaben, Verantwortlichkeiten und Zielsetzungen können zu Stress und Unsicherheit führen. Eine klare Kommunikation schafft eine transparente Arbeitsumgebung und verringert psychische Belastungen.

Regelmäßiger Dialog mit Mitarbeiter*innen

Ein regelmäßiger und offener Dialog mit Mitarbeiter*innen muss aktiv initiiert werden. Durch formelle und informelle Gespräche können Führungskräfte frühzeitig potenzielle Belastungen erkennen. Hierzu muss eine Atmosphäre des Vertrauens geschaffen werden, in der Mitarbeiter*innen ohne Furcht vor negativen Konsequenzen über ihre psychische Gesundheit sprechen können.

Flexible Arbeitsbedingungen ermöglichen

Je nach Ergebnissen der GBpsych hinsichtlich Arbeitszeit bieten sich flexible Arbeitszeitmodelle an – je nach Möglichkeit, interner Betriebsvereinbarung und Teamkonstellation. Die Möglichkeit von Home-Office, hybriden Arbeitsmodellen oder Teilzeitoptionen ermöglicht es den Mitarbeiter*innen, ihre Arbeit besser mit ihrem individuellen Leben in Einklang zu bringen und Stressoren zu reduzieren.

Krisenmanagement und Intervention

Klare Richtlinien für das Krisenmanagement und Intervention bei akuten psychischen Belastungen ermöglichen eine schnelle Reaktion und Anpassungsmöglichkeit bei einem plötzlich auftretenden Arbeitsausfall von Mitarbeiter*innen – gerade bei Klein- und Kleinstunternehmen ein bedeutender Faktor. Wie bereits erwähnt, sollten Führungskräfte geschult werden, um im Bedarfsfall angemessen zu reagieren. Sei es durch die Einbindung von Expert*innen oder die Anpassung von Arbeitsbedingungen. Darüber hinaus sollten ebenfalls Notfallpläne für das Team erstellt werden, die die Fragestellung beantworten: „Welche notwendigen ersten Schritte müssen eingeleitet werden, wenn jemand plötzlich ausfällt?"

Durch die Umsetzung der genannten Impulse und Handlungsempfehlungen können Führungskräfte einen wesentlichen Beitrag zur erfolgreichen Durchführung der GBpsych leisten. Indem sie ein unterstützendes Umfeld schaffen, sich ihrer

Vorbildfunktion bewusstwerden und aktiv zur Förderung der psychischen Gesundheit beitragen, legen sie den Grundstein für eine positive Unternehmenskultur und nachhaltigen Erfolg.

Fazit

5

Die GBpsych ist gerade für Klein- und Kleinstunternehmen von großer Bedeutung, obwohl diese oft mit spezifischen Herausforderungen konfrontiert sind. Die hier präsentierten Impulse dienen als Leitfaden, um den Prozess der GBpsych in kleineren Unternehmen zu erleichtern und die psychische Gesundheit der Mitarbeiter*innen zu fördern. Klein-und Kleinstunternehmen bieten aufgrund der engen Zusammenarbeit, der Flexibilität und des starken Gemeinschaftsgefühls eine optimale Grundlage für die GBpsych. Durch eine offene Kommunikationskultur und individuelle Lösungen können frühzeitig potenzielle Belastungen erkannt und angegangen werden. Die Vorteile einer geringen Hierarchie zeigen sich in der agilen Reaktion auf psychische Belastungen und der schnellen Umsetzung von Maßnahmen.

Trotz dieser positiven Aspekte stehen Klein-und Kleinstunternehmen vor besonderen Herausforderungen, wie Ressourcenknappheit, mangelnder Expertise und der Gefahr von unklaren Zuständigkeiten. Es ist entscheidend, dass Klein-und Kleinstunternehmen diese Herausforderungen ernst nehmen und gezielt Maßnahmen ergreifen, um die GBpsych effektiv umzusetzen.

Die Integration von psychischer Gesundheit in die Unternehmenskultur und die Schaffung eines unterstützenden Umfelds sind Schlüsselfaktoren. Gerade in Zeiten des Fachkräftemangels. Durch die aktive Beteiligung der Führungsebene, die Sensibilisierung der Mitarbeiter*innen und die Implementierung gezielter Maßnahmen können Klein-und Kleinstunternehmen nicht nur psychische Gefährdungen frühzeitig identifizieren, sondern auch präventiv handeln und somit langfristig die Gesundheit und Leistungsfähigkeit ihrer Mitarbeiter*innen fördern. Insgesamt bietet die GBpsych in Klein- und Kleinstunternehmen die

M. Meyer-Tischler und M. Faltermeier, *Psychische Gefährdungsbeurteilung*, essentials, https://doi.org/10.1007/978-3-658-44826-4_5

Chance, eine positive Arbeitskultur zu etablieren, die nicht nur die Mitarbeiter*innenzufriedenheit steigert, sondern auch die Wettbewerbsfähigkeit des
Unternehmens stärkt.

Was Sie aus diesem *essential* mitnehmen können

- Stellt theoretische Grundlagen zum Thema psychische Gesundheit im Arbeitskontext dar
- Schlägt konkrete Durchführungsmöglichkeiten einer Psychischen Gefährdungsbeurteilung in Klein- und Kleinstunternehmen vor
- Enthält zahlreiche Handlungsempfehlungen und Impulse zur Durchführung einer Psychischen Gefährdungsbeurteilung in Klein- und Kleinstunternehmen
- Betrachtung von Besonderheiten und Herausforderungen einer kleinen Belegschaft
- Vereinfacht die Initiierung und Planung einer psychischen Gefährdungsbeurteilung, insbesondere in Klein- und Kleinstunternehmen

Empfohlene Literatur

BAuA – Bundesanstalt für Arbeitsschutz und Arbeitsmedizin. (2014). *Gefährdungsbeurteilung psychischer Belastung – Erfahrungen und Empfehlungen*. ESV.

Hahnzog, S., Meyer-Tischler, M., & Faltermeier, M. (2022). *Psychische Gefährdungsbeurteilung – Impulse für den Mittelstand* (2. Aufl.). Springer Gabler.

Pieper, R. (2014). *Arbeitsschutzgesetz – Basiskommentar zum ArbSchG*. Bund.

Literatur

Arbeitsschutzgesetz. (2024). Gesetz über die Durchführung von Maßnahmen des Arbeitsschutzes zur Verbesserung der Sicherheit und des Gesundheitsschutzes der Beschäftigten bei der Arbeit (Arbeitsschutzgesetz-ArbSchG). https://www.gesetze-im-internet.de/arbschg/index.html. Zugegriffen: 5. Febr. 2024.

Arbeitsstättenverordnung. (2024). Verordnung über Arbeitsstätten (Arbeitsstättenverordnung – ArbStättV). https://www.gesetze-im-internet.de/arbst_ttv_2004/BJNR217910004.html. Zugegriffen: 6. Febr. 2024.

Bartholdt, L., & Schütz, A. (2010). *Stress im Arbeitskontext – Ursachen, Bewältigung und Prävention*. Beltz.

BAuA – Bundesanstalt für Arbeitsschutz und Arbeitsmedizin. (2010). Psychische Belastung und Beanspruchung im Berufsleben: Erkennen – Gestalten. https://www.baua.de/DE/Angebote/Publikationen/Praxis/A45.html. Zugegriffen: 2. Febr. 2024.

BAuA – Bundesanstalt für Arbeitsschutz und Arbeitsmedizin. (2014). *Gefährdungsbeurteilung psychischer Belastung – Erfahrungen und Empfehlungen*. ESV.

Bauer, B. (2014). Entspannungstraining – Umsetzung in der betrieblichen Praxis. In S. Hahnzog (Hrsg.), *Betriebliche Gesundheitsförderung – Das Praxishandbuch für den Mittelstand* (S. 201–232). Springer Gabler.

© Der/die Herausgeber bzw. der/die Autor(en), exklusiv lizenziert an Springer Fachmedien Wiesbaden GmbH, ein Teil von Springer Nature 2024
M. Meyer-Tischler und M. Faltermeier, *Psychische Gefährdungsbeurteilung*, essentials, https://doi.org/10.1007/978-3-658-44826-4

Beck, D., Morschhäuser, M., & Hasselhorn, H. (2014). Einführung. In Bundesanstalt für Arbeitsschutz und Arbeitsmedizin (Hrsg.), *Gefährdungsbeurteilung psychischer Belastungen* (S. 13–18). Schmidt.

Beck, D., Morschhäuser, M., & Richter, G. (2014). Durchführung der Gefährdungsbeurteilung psychischer Belastung. In Bundesanstalt für Arbeitsschutz und Arbeitsmedizin (Hrsg.), *Gefährdungsbeurteilung psychischer Belastungen* (S .45–130). Schmidt.

Deutsches Institut für Normung e. V. (DIN) EN ISO 10075-1. (2018). *Ergonomische Grundlagen bezüglich psychischer Arbeitsbelastung – Teil 1: Allgemeine Aspekte und Konzepte und Begriffe (ISO 10075-1:2017); Deutsche Fassung EN ISO 10075-1:2017.* Beuth.

Deutsches Institut für Normung e. V. EN ISO 9241-2 (DIN EN ISO 9241-2). (1993). *Ergonomische Anforderungen für Bürotätigkeiten mit Bildschirmgeräten, Teil 2: Anforderungen an die Arbeitsaufgaben- Leitsätze.* Beuth.

Hahnzog, S. (2015). *Psychische Gefährdungsbeurteilung – Impulse für den Mittelstand.* Springer Gabler.

Hartig, J. (2004). *Internetgestützte Online-Diagnostik stressinduzierender Belastungsfaktoren Diagnostik mit dem „Stress Check-up" Ein interaktiver WWW-Fragebogen mit Rückmeldung.* Diplomarbeit. Leipzig: Universität Leipzig Fakultät für Biowissenschaften, Pharmazie und Psychologie Institut für Angewandte Psychologie/Pädagogische Psychologie.

Haun, S., Hiller, W., & Schuster, N. (2011). *Psychische Belastungen im Arbeitsalltag.* Beltz.

Het, S. (2009). *Die Cortisolreaktion auf akuten psychischen Stress – Situative Auslöser und kognitiv-emotionale-Effekte.* Dissertation. Bochum: Ruhr – Universität Bochum.

Institut für Mittelstandsforschung. (2014). Unternehmensbestand. https://www.ifm-bonn. org/definitionen/kmu-definition-der-eu-kommission Zugegriffen: 14. Febr. 2024.

Jung, D., Petermann, O., & Windemuth, D. (2013). Einleitung der Herausgeber. In D. Jung, O. Petermann, & D. Windemuth (Hrsg.), *Praxishandbuch – Psychische Belastungen im Beruf* (S. 13–17). Universum Verlag GmbH.

Kölbach, M., & Zapf, D. (2008). Definition und Abgrenzung- Arbeitswissenschaftliche Grundlage zur psychischen Belastung. In TBS gGmbH Rheinland-Pfalz (Hrsg.), *Psychische Belastungen in der Arbeitswelt – Von Stress, Mobbing, Angst bis Burnout* (S. 7–15). TBS gGmbH Rheinland-Pfalz.

Maragkos, M., & Stark, S. (2014). „Bist Du krank?! – Psychische Störungen im Arbeitsleben. In S. Hahnzog (Hrsg.), *Betriebliche Gesundheitsförderung – Das Praxishandbuch für den Mittelstand* (S. 201–214). Springer-Gabler.

Michelmann, F. (2013). *Stress in Organisationen. Analyse und Wege zur Bewältigung.* Seminararbeit. Magdeburg: Otto-von-Guericke Universität Magdeburg.

Morschhäuser, M. Beck, D. & Lohmann-Haislah, A. (2014). Psychische Belastung als Gegenstand der Gefährdungsbeurteilung. In Bundesanstalt für Arbeitsschutz und Arbeitsmedizin (Hrsg.), *Gefährdungsbeurteilung psychischer Belastungen* (S. 19–44). Schmidt.

Nagel, U., & Petermann, O. (2012). *Psychische Belastungen, Stress, Burnout?* Ecomed SICHERHEIT, Verlagsgruppe Hüthig Jehle Rehm GmbH.

Nationale Arbeitsschutzkonferenz. (2018). Leitlinie Beratung und Überwachung bei psychischer Belastung am Arbeitsplatz. https://www.gda-portal.de/DE/Downloads/pdf/Leitlinie-Psych-Belastung.pdf?__blob=publicationFile&v=1. Zugegriffen: 2. Febr. 2024.

Oppolzer, A. (2010). Psychische Belastungsrisiken aus Sicht der Arbeitswissenschaft und Ansätze für die Prävention. In B. Badura (Hrsg.), *Fehlzeiten Report 2009 – Arbeit und*

Psyche: Belastungen reduzieren – Wohlbefinden fördern (S. 13–22). Springer Medizin Verlag.

Riechert, I. (2011). *Psychische Störungen bei Mitarbeitern – Ein Leitfaden für Führungskräfte und Personalverantwortliche – Von der Prävention bis zur Wiedereingliederung.* Springer.

Schauf, M. (2009). *Unternehmensführung im Mittelstand: Rollenwandel kleiner und mittlerer Unternehmen in der Globalisierung.* Mering.